## LE VÉRITABLE

# TAROT DE MARSEILLE

**Restauré par**

## Kris Hadar

DEMORTAGNE

# Sommaire

# L'HISTOIRE

## UN BREF APERÇU HISTORIQUE

Qui n'a jamais entendu parler de jeu de Tarot ? Qui ne s'est jamais fait lire son *devenir* par le Tarot ? Et pourtant, qui connaît ses origines ?

Depuis des siècles, le Tarot attire, fascine, intrigue, inspire les artistes et les spiritualistes, au point qu'il existe des milliers de jeux de Tarot dans le monde. Mais personne, jusqu'à ce jour, n'a émis une hypothèse convaincante sur sa naissance et sa raison d'être.

Bien sûr, les théories les plus folles courent à son sujet. La plus célèbre vient de Antoine Court de Gébelin qui, en 1781, dans son livre *Monde Primitif*, affirme que le Tarot serait un livre égyptien, le Livre de Thot, réchappé du fanatisme des flammes qui consumèrent la bibliothèque d'Alexandrie en 390 après Jésus-Christ. À l'époque, cette opinion eut l'avantage de créer une véritable renaissance du Tarot. Il devint la propriété occulte des penseurs et des mages, mais aussi et surtout l'objet de prédilection des voyants et des divers diseurs de bonne aventure.

Certaines théories avancent que le Tarot aurait été apporté par des extraterrestres à un patriarche biblique du nom d'Hénoch. D'autres, plus sérieuses, en attribuent la paternité au jeu arabe *Naïb*, à la divinité hindoue Vishnu ou encore aux dominos chinois. Des hypothèses encore plus psychédéliques affirment que le Tarot serait l'œuvre d'artistes en mal d'inspiration qui, en observant un carnaval, eurent le génie d'en dessiner la farandole.

Quelles que soient ces hypothèses, tous les spécialistes semblent s'accorder sur le fait que le Tarot européen serait né en Italie. Les preuves se retrouvent sur les plus anciens jeux de Tarot connus, ceux de Visconti-Sporza, qui datent, à peu de choses près, du milieu du XV^e^ siècle.

D'où vient le Tarot de Marseille ? En premier lieu, il tire son nom de la ville de Marseille où résidaient, au XVIII^e^ siècle, des maîtres cartiers de renom tels que Nicolas Conver. Mais le plus comique, c'est que les plus anciens Tarots de Marseille connus ne viennent pas de Marseille ; ce sont les tarots de Jean-Pierre Payen, maître cartier à

Avignon en 1713, et de Jean Dodal, maître cartier à Lyon au tout début du XVIIIe siècle.

Il est remarquable de constater que le Tarot de Marseille véhicule une authentique tradition occulte, tandis que les jeux de Tarot de Visconti-Sporza sont de toute évidence des Tarots de cour qui n'ont de valeur que la beauté rendue par les peintres qui les ont conçus. Entre la naissance probable du Tarot italien aux environs de 1450 et celle du Tarot de Marseille en 1700, un trou historique de 250 ans exprime la profondeur de la bêtise humaine lorsqu'elle ne pense qu'à l'intérêt immédiat de l'argent, à l'intolérance de Sa vérité et au prestige narcissique de Son ego et ce, au détriment de la Connaissance qui fait grandir l'Être.

La chronologie suivante de l'histoire de la carte à jouer en France, de 1594 à 1703, en apporte la preuve :

***1594, 31 mars.*** *Rédaction des premiers statuts des maîtres cartiers de Paris, au nombre de huit.*

***1650, environ.*** *À Paris, formation d'un patron caractéristique, ou portrait. Les noms adoptés pour les personnages sont encore en usage.*

***1661, septembre.*** *Par lettres patentes, le roi cède à l'Hôpital général de Paris le bénéfice du droit sur les cartes. Dans les onze villes où la fabrication est autorisée, les moules et instruments de travail doivent être transportés dans un « lieu particulier », où les cartiers sont tenus* *d'exercer. Les enveloppes doivent porter une bande de contrôle aux armes de roi.*

***1671, 1er avril.*** *L'Hôpital général renonce à la dotation stérile qui lui avait été faite. Le Conseil surseoit à la levée des droits et rend aux cartiers la liberté de décorer les enveloppes à leur gré. Les cartiers parisiens quittent l'Hôtel de Nemours.*

***1701, 19 octobre.*** *Rétablissement de l'impôt, fixé à dix-huit deniers. Les anciens moules doivent être détruits. Les cartiers perdent le droit de tailler leurs moules.*

***1703, 17 mars.*** *Le droit est réduit à douze deniers. Les particuliers ne doivent plus se servir de cartes de l'ancien portrait.*

Ce résumé permet de mettre en évidence la taxation des jeux de cartes et leur rentabilité, mais aussi et surtout pourquoi il est difficile aujourd'hui de trouver en France des jeux de Tarot plus anciens datant du début du XVIII$^{e}$ siècle : *Les particuliers ne doivent plus se servir de cartes de l'ancien portrait.* Les gens ne peuvent se procurer que des jeux de cartes ou Tarots qui sont à l'effigie de la noblesse de l'époque : *Les anciens moules doivent être détruits.* Il est facile de comprendre que pour une simple question de privilèges et de droits, la plupart des jeux de cartes, de l'origine à 1700, furent éliminés de l'histoire de France. Par la même occasion, les nouvelles cartes qui furent redessinées se firent au détriment des symboles originels.

Cependant, un simple bon sens dit que si le Tarot existait en Italie en 1450, il est inconcevable que les contacts avec l'Italie, surtout sous le règne de François 1er, roi de France de 1515 à 1547, période artistique par excellence, n'aient pas attiré la noblesse et les artistes français. Et pourtant, il ne reste aucun jeu peint issu de cette époque!

Certains auteurs font remonter l'origine du Tarot de Marseille au Tarot Milanais en ignorant complètement l'hypothèse que c'est peut-être le Tarot français qui donna naissance au Tarot italien, même si celui-ci fut détruit pour des questions mercantiles.

La preuve ne se trouve-t-elle pas précisément mentionnée dans un registre de la Chambre des Comptes, lequel, en 1392, précise qu'une somme fut allouée à Jacquelin Gringonneux, peintre engagé pour la réalisation de trois jeux de cartes pour le roi Charles VI ? Ou encore, cette mention du jeu de cartes dans les minutes de Laurent Aycardi, notaire à Marseille, en date du 30 août 1391 ? De plus, dès 1408, une lettre de « rémissions » amnistie deux voyous qui avaient dépossédé un marchand breton sur le Pont-Neuf, à Paris, en le grugeant à une espèce de bonneteau. Le texte évoque de façon mystérieuse des « peintures à façon de roses » qui ornaient les cartes.

Il est absolument incroyable qu'aucune histoire digne de ce nom n'ait fait une véritable recherche sur le jeu de Tarot alors que, de toute évidence, celui-ci fut un témoin de l'Histoire avec un grand « H ». Il aurait découvert que le Tarot est bien une création française, comment il est entré en Italie par la famille d'Anjou, notamment le Bon Roi 1er d'Anjou, qui fut duc du Bar, duc de Lorraine, Comte de Provence, et surtout roi de Naples, et qu'il fit la fortune de la famille Sporza dont on possède le plus ancien jeu de Tarot connu. Peut-être est-il trop dégradant de s'intéresser à un domaine qui appartient aujourd'hui à l'occultisme ? Allez savoir...

Il est absolument inadmissible que personne n'ait interrogé le graphisme avec suffisamment de sérieux pour constater que le Tarot de Marseille, bien que maintes fois redessiné, conserve des détails oubliés qui expliquent comment il devait être à l'origine. Un peu comme un artiste qui peint un autre dessin sur une ancienne toile. Il suffit de gratter le vernis pour découvrir des splendeurs insoupçonnées.

J'en veux pour preuve que dans le Tarot de Jean Dodal de 1701, maître cartier lyonnais que l'on dit être le père du Tarot de Marseille français, dans la lame XX du Jugement, le Séraphin à la trompette se trouve dans un ruban plissé formant autour de lui une volute, ruban plus connu par les spécialistes des cathédrales du X$^{e}$, XI$^{e}$ et XII$^{e}$ siècle, comme étant le ruban angevin, Angers étant la capitale d'Anjou, dans l'ouest de la France, patrie du roi René 1$^{er}$ d'Anjou. Jusqu'à preuve du contraire, aucune peinture italienne ne le met en évidence ! Ce ruban se retrouve aussi sur les As d'Espees et de Bastons.

Les recherches entreprises permettent d'affirmer que le Tarot aurait vu le jour vers la fin du XII^e siècle et qu'il serait bien une création française sans aucun rapport avec l'Arabie, l'Inde ou la Chine, sauf en ce qui concerne le judaïsme. La preuve se trouve toujours sur le Séraphin de la lame XX du Jugement, où l'on voit dessiné sur son front une sorte de tabernacle. Ce tabernacle est l'expression chrétienne symbolique du *Téphélim* juif. La traduction de ce mot signifie : phylactère. Le *téphélim* est une petite boîte carrée dans laquelle sont enfermés deux parchemins que l'on place sur le front avant de commencer à prier YHVH.

Certaines critiques seront sûrement émises quant aux deux siècles de silence qui séparent les plus anciennes références aux jeux de cartes, notamment celles du notaire Laurent Aycardi qui datent de 1391, et la naissance du Tarot aux environs de 1181 !

Effectivement, mais la raison en est simple : à l'origine, le jeu de Tarot n'avait pas une fonction ludique qui aurait permis de faire des jeux de patience ou de gagner de l'argent, mais il s'agissait d'un jeu de rôles qui faisait naître une réflexion personnelles sur son propre cheminement spirituel. Par conséquent, on ne peut pas le retrouver mentionné en tant que jeu de distraction. Bien au contraire, l'essence du Tarot se mélange merveilleusement à la mystique qui fit du XII$^{e}$ siècle un siècle de lumière, de liberté et de profondeur dont l'humanité n'a plus souvenance.

À cette époque, la femme était bien plus libérée que maintenant. Elle était l'égale de l'homme. C'est au cours de cette période que l'on voit s'élancer vers le ciel les flèches des cathédrales gothiques, à la mémoire de l'élévation de l'esprit, et qu'apparaît la recherche d'un idéal chevaleresque qui atteindra sa perfection grâce aux troubadours et le *Fin'Amor*, qui mit en évidence l'art de se grandir dans l'amour et non, comme certains se plaisent à le penser, de trouver de bonnes raisons pour justifier les infidélités. Cet art donna naissance aux bonnes manières de la courtoisie et au désir d'atteindre la noblesse de cœur.

C'est dans ces mêmes cours de l'amour courtois, dirigées entre autres par Aliénor d'Aquitaine, petite fille du premier troubadour Guillaume IX, ainsi que par sa fille, Marie de Champagne, que se développent les premiers romans initiatiques portant sur les chevaliers de la table ronde, la légende du Roi Arthur et la Quête du Graal. C'est au cours de cette époque que l'on commanda à Chrétien de Troyes l'écriture de *Yvain le Chevalier au lion, Lancelot ou le Chevalier à la Charrette* et surtout, en 1181, *Le conte du Graal ou Perceval le Gallois.*

Avec la naissance des premiers romans, le Tarot est considéré comme le premier livre permettant aux non lettrés de pouvoir réfléchir et méditer sur leur salut éternel et leur quête de soi. Il était une porte ouverte à LA vérité personnelle, tout comme les cathédrales permettaient aux pauvres comme aux riches de se grandir en communiant avec Dieu. Le Tarot est une cathédrale où chacun peut prier pour découvrir dans le labyrinthe de son existence la voie de Son salut !

Cette approche historique du Tarot ne serait pas complète si on ne signalait pas qu'il ne s'agit en aucun cas d'un sous-produit du jeu de cartes auquel furent ajoutés 22 atouts dits *majeurs* ou *triomphes*. Il suffit d'observer le graphisme et la symbolique des lames dites *mineures* ou *honneurs* pour constater que ces 56 lames mineures ont été créées en tenant compte des majeures ! Donc, le jeu de Tarot est bien un jeu unique et complet de 78 cartes, et ce, depuis sa naissance.

## La Tradition du Tarot de Marseille

Ce n'est pas parce que l'on a perdu la trace du Tarot de Marseille qu'il n'existe pas une tradition. Qu'importe qui a copié qui. L'important est justement que tout le monde a copié l'autre et, par le fait même, a conservé la trame symbolique que véhiculait le Tarot originel. Bien au contraire, il faut rendre grâce à ces différents maîtres cartiers inconnus qui furent à l'origine du Tarot de Marseille et de sa tradition et à ceux plus connus comme Jean-Pierre Payen, Jean Dodal, Nicolas Conver, Paul Marteau, la maison Camoin, Grimaud, Simon, etc., d'avoir entretenu, malgré les contraintes sociopolitiques et leurs ajouts personnels, ce modèle particulier du Tarot.

## La Restauration du Tarot de Marseille

Il m'eut été facile de créer un nouveau jeu de Tarot, qui ne constituerait qu'un jeu de plus parmi des milliers d'autres. Mais lorsqu'on est amoureux de la vérité, il est plus important de retrouver l'authenticité que l'illusion d'être. Personnellement, j'ai passé tant d'années à apprendre et à me grandir à travers ce Tarot, qu'il me serait impossible de le renier en lui « volant sa connaissance » pour la transporter sur un autre Tarot qui se voudrait original. J'ai des projets de création qui ne pourront être réalisés que lorsque j'aurai réussi à transmettre aux chercheurs sincères les bases mêmes que véhicule le Tarot de Marseille.

Mon travail a consisté à rechercher, derrière le trait de chaque lame, la trame et le détail oublié qui suggéraient ce que devait être l'original. Rien n'a été laissé au hasard. Cela ne fut rendu possible que par une étude approfondie du Moyen Âge sur le plan du symbolisme, de la numérologie sacrée, de l'architecture, de la peinture, de la tapisserie, du livre, de la botanique, des mœurs, de l'histoire, etc., mais aussi avec une patience et une inspiration digne de Sherlock Holmes, qui m'ont permis de retrouver les éléments indispensables à cette authentique reconstitution dans le labyrinthe des archives historiques.

La découverte fut prodigieuse et impressionnante, surtout en ce qui concerne les 56 lames mineures, qui, justement sous le prétexte d'être mineures, furent délaissées, puis oubliées par la plupart des tarologues. Ce qui fut une bonne chose, car ce sont ces lames qui conservent le plus d'indices sur l'origine et le « pourquoi du comment » tarologique... Neuf siècles d'histoire perdus et retrouvés...

Ainsi, le Roi d'Espees n'est pas assis sur un trône, mais sur la stèle d'un tombeau. Sa compagne, la Royne d'Espees, enceinte, cachait dans sa robe un escalier en colimaçon, symbolisant la façon de descendre au fond de soi-même (= enfantement + escalier) pour mourir à soi et renaître (= tombeau du Roi). Les lames majeures ne sont pas en reste. Elles ont aussi subi des modifications notables. Dans la lame V du Pape, les deux moinillons ne sont pas debout. Celui de gauche est en prière et celui de droite est assis sur un banc pour exprimer que la connaissance est reçue intérieurement, par communion (celui de gauche), ou extérieurement, par la parole (celui de droite).

La reconstitution des couleurs fut plus délicate. Des altérations majeures eurent lieu suite au souci des maîtres cartiers de se démarquer de leurs concurrents. C'est ainsi que la couleur verte est pratiquement absente dans le jeu de Paul Marteau alors que la couleur blanche, qui n'existait pas, est soudainement apparue.

Si l'objectif fut de retrouver le tracé original, force m'est de constater qu'à moins d'un miracle, personne ne saura avec précision quel était l'habillement des personnages du Tarot français du XII$^{e}$ siècle. Les personnages sont vêtus comme au XV$^{e}$ et

XVIe siècle. Mais cela n'altère en rien le message tarologique, car le symbolisme du Moyen Âge – même s'il demeure initiatique – est un symbolisme d'évidence et non un symbolisme d'intellection.

La restauration de ce Tarot suit à la lettre la tradition du Tarot de Marseille. Pour offrir un témoignage de reconnaissance aux maîtres cartiers qui l'ont constitué, ce Tarot tente de conserver autant que faire se peut l'empreinte de ces « gardiens des images, des couleurs et des symboles à travers les siècles », comme se plaît à dire l'éditeur Dusserre.

De toute évidence, le Tarot de Marseille fut créé pour son époque, mais j'ai découvert aussi qu'il était témoin et l'acteur d'une connaissance et d'un drame historique beaucoup plus ancien.

À ce titre, il devient un message pour les générations futures. Restaurer le Tarot de Marseille en faisant resurgir le symbolisme originel est, d'une certaine manière, enfanter le Tarot de Marseille à sa raison première. Les différents maîtres cartiers en ont assuré la gestation. Le serpent se mord la queue pour permettre aux chercheurs sincères du XXe siècle d'avoir accès à un document dont les pages volantes parlent de la Connaissance authentique des anciens.

Je demeure convaincu que ce jeu de Tarot de Marseille de la tradition dite de Marseille vous était personnellement destiné !

**Kris Hadar**

# LA DIVINATION

Les renseignements qui suivent sont largement inspirés ou tirés des livres de Kris Hadar, notamment : *Le Grand Livre du Tarot, méthode pratique d'art divinatoire*, Éditions de Mortagne.

Découvrir son cheminement personnel dans sa réalité quotidienne faisait partie des attributs originels du Tarot et non celui de lire l'avenir événementiel, qui induisait des questions comme « Qu'est devenu mon petit chat noir ? » Pourtant, c'est grâce à la divination que le Tarot a passé l'épreuve du temps et qu'il a atteint sa notoriété.

Rappelons que le jeu de Tarot se compose de 78 lames qui se divisent en deux grandes catégories :

• **Les lames majeures**, au nombre de 21 cartes *numérotées* plus une sans numéro : Le Fol.

• **Les lames mineures**, au nombre de 56 cartes *non numérotées** qui se sous-divisent en quatre couleurs : les Coupes, les Espees, les Bastons et les Deniers.

Chaque couleur est composée de 10 lames symbolisant les 10 premiers nombres et de quatre personnages : Le Roi, la Royne, le Chevalier et le Vaslet.

Voici la définition *très* résumée de chaque lame, qui sera suivie de quelques tirages simplifiés pour s'initier à l'art divinatoire. Les lames peuvent être utilisées à l'endroit (abréviation : droit) et à l'envers (abréviation : renv.)

---

* Dans cette édition, les numéros furent rajoutés pour aider les gens qui ne parviennent pas à compter comme au Moyen-Âge.

**Lame I : LE BASTELEVR**

Le principe créateur actif, la potentialité, l'élan et l'origine.

– Droit : Événement qui commence bien.
– *Renv : Point de départ difficile.*

**Lame II : LA PAPESSE**

Le principe fécondant révélateur, l'énergie de type féminin et la richesse mystérieuse.

– Droit : Fait secret évoluant positivement.
– *Renv. : Chose cachée qui se développe mal.*

**Lame III : L'IMPERATRICE**

Le principe intellectuel, l'abstraction, les sciences et la puissance féconde de l'esprit.

– Droit : Projet bien élaboré, cours, lettre.
– *Renv. : Retard inévitable dans tout projet.*

**Lame IIII : L'EMPEREVR**

Le principe animateur, le verbe réalisateur et le pouvoir matériel.

- Droit : Stabilisation et concrétisation.
- *Renv. : Risque de chute ou de perte.*

**Lame V : LE PAPE**

Le principe du psychisme, le rectificateur invisible et le divin.

- Droit : Orientation positive de l'existence.
- *Renv. : Rectification imposée.*

**Lame VI : L'AMOVREVX**

Le principe de la neutralisation, de l'aspiration, du désir et de la jeunesse.

- Droit : Bons choix, croisée des chemins.
- *Renv. : Risque de scission ou de rupture.*

**Lame VII : Le Chariot**

Le principe générateur, le progrès, la providence et la victoire.

– Droit : Réussite grâce au mérite.
– *Renv. : Accident, mauvaise nouvelle.*

**Lame VIII : La Ivstice**

Le principe de la loi organique du fonctionnement et la puissance conservatrice.

– Droit : Équilibre, légalisation.
– *Renv. : Procès, injustice, désordre.*

**Lame VIIII : L'Hermite**

Le principe de la potentialité du temps et du mûrissement : l'avertissement du destin.

– Droit : Expérimentation, prudence.
– *Renv. : Retard, obstacle aux désirs.*

**Lame X : La Rove de Fortvne**

Le principe d'individualisation, l'alternatif du sort, le cycle, le devenir en puissance d'être.

– Droit : Chance, changement heureux.
– *Renv. : Malchance, situation instable.*

**Lame XI : La Force**

Le principe de l'énergie psychique libérée, l'intensité du tirage.

– Droit : Acte sexuel, réalisation.
– *Renv. : Perte d'énergie, explosion, colère.*

**Lame XII : Le Pendv**

Le principe du sacrifice rédempteur, les liens, les attachements et l'initiation.

– Droit : Service rendu ou offert, vœux.
– *Renv. : Désillusion, mauvais sacrifice.*

**Lame XIII : La Lame sans nom**
Le principe transformateur, la transmutation, le changement de plan définitif.
– Droit : Récolte de ce qui est semé.
– *Renv. : Fin des espoirs, perte ou mort.*

**Lame XIIII : La Temperance**
Le principe du mouvement des fluides vitaux, le miracle, les loisirs et les communications.
– Droit : Nouveau départ ou retour au passé.
– *Renv. : Renouveau difficile, agitation.*

**Lame XV : Le Diable**
Le principe de la vitalité physique, les sens, les instincts, le sexe et l'argent.
– Droit : Passion, acte sexuel, jouissance.
– *Renv. : Impuissance, violence, agression.*

**Lame XVI : La Maison-Diev**

Le principe du cycle de la matière : extension – contraction – dématérialisation.

– Droit : Résultats dépassant les espérances.
– *Renv. : Destruction, cataclysme, fin.*

**Lame XVII : L'Estoille**

Le principe du futur, la génération, l'espérance, la pureté, les arts, l'amitié.

– Droit : Dons de la destinée, protection.
– *Renv. : Simple retard dans les espérances.*

**Lame XVIII : La Lvne**

Le principe de la création des formes physiques, le reflet, le passé, la famille.

– Droit : Création, bonne gestation.
– *Renv. : Fuite des réalités, complot, trahison.*

**Lame XVIIII : Le Soleil**

Le principe de la lumière universelle, le verbe éternel, le cœur, l'enfant, l'or.

– Droit : Amour, paix, générosité, argent.
– *Renv. : Chagrin, problèmes financiers.*

**Lame XX : Le ivgement**

Le principe de l'action libératrice et rédemptrice, les relations sociales, la renommée.

– Droit : Dégagement, succès, invention.
– *Renv. : Retard, libération différée.*

**Lame XXI : Le Monde**

Le principe de la totalité, l'accomplissement, la récompense majeure et l'énergie féminine.

– Droit : Achèvement et réussite suprême.
– *Renv. : Ruine, déconsidération totale.*

**Lame XXII : Le Fol**

Le principe de l'évolution, l'inconnu, l'étranger, l'irrationnel, le sens et le non-sens.

- Droit : Fin d'un cycle, voyage.
- *Renv. : Dérèglement, dégénérescence, folie.*

* * *

## Les Lames Mineures

## Les Coupes

Ce principe touche les domaines en rapport avec les sentiments, mais aussi tout ce qui concerne la naissance de l'amour, la fertilisation et le développement de la famille.

**As de Coupes**

- Droit : Naissance d'un grand amour et aspiration d'un cœur aimant.
- *Renv. : Débuts difficiles d'un amour.*

**Deux de Coupes**
– Droit : Rencontre amoureuse, révélation d'un grand désir.
– *Renv. : Rivalité de sentiments, hypocrisie.*

**Trois de Coupes**
– Droit : Échange de sentiments et partage des affinités, lettre d'amour.
– *Renv. : Incompréhension du cœur avec la raison.*

**Quatre de Coupes**
– Droit : Fécondité, création d'un ménage.
– *Renv. : Infertilité, manque de solidité affective.*

**Cinq de Coupes**
– Droit : Grossesse, communion d'un idéal commun.
– *Renv. : Avortement, mésentente.*

**Six de Coupes**
– Droit : Vœux d'union, déclaration.

– *Renv. : Infidélité, jalousie.*

**Sept de Coupes**

– Droit : Naissance d'un enfant ou d'une famille, conquête d'un amour.

– *Renv. : Déception affective, ennuis par une passion.*

**Huit de Coupes**

– Droit : Légalisation d'une union, planification familiale.

– *Renv. : Rupture, règlement de compte.*

**Neuf de Coupes**

– Droit : Départ d'un adolescent, testament, confidence.

– *Renv. : Solitude affective, veuvage.*

**Dix de Coupes**

– Droit : Célébration, reconnaissance profonde d'un amour.

– *Renv. : Désillusion d'une vie amoureuse.*

**Vaslet de Coupes**

– Droit : Prétendant, découverte d'un secret amoureux.

– *Renv. : Amoureux éconduit ou laissé pour compte.*

**Chevaliers de Coupes**

– Droit : Messager du cœur, déplacement ou aveu d'un amour.

– *Renv. : Mauvaise nouvelle, report d'une rencontre.*

**Royne de Coupes**

– Droit : Femme désirée ou amoureuse, déclaration d'une dame, cœur qui s'offre.

– *Renv. : Femme éperdue, abusée et déçue.*

**Roy de Coupes**

– Droit : Homme aimant et heureux.

– *Renv. : Homme éconduit, triste et malheureux.*

## Les Espees

Ces principes sont en rapport avec les domaines touchant aux combats, aux énergies mises en œuvre pour se développer ou à l'utilisation de la pensée dans la quête de la connaissance.

### As d'Espees

- Droit : Pouvoir mis à la disposition de la vérité.
- *Renv. : Épreuve, difficulté à se dépasser ou à agir.*

### Deux d'Espees

- Droit : Attente confiante, inspiration guidant les cœurs purs, révélation de la voie à suivre.
- *Renv. : Doute existentiel, trahison, rivalité de pouvoir.*

### Trois d'Espees

- Droit : Étude ou recherche fructueuse, lettre de décision ou de mise au point.

– *Renv. : Échec à des démarches pour des renseignements, ignorance présomptueuse.*

### Quatre d'Espees

– Droit : Paix ou trêve, concrétisation d'une pensée.
– *Renv. : Opposition tenace, manque de fermeté dans ses convictions.*

### Cinq d'Espees

– Droit : Protection occulte au service de la vérité, triomphe du bon droit moral, prise de conscience.

– *Renv. : Perte de foi, fanatisme.*

### Six d'Espees

– Droit : Naissance du fruit de son labeur, mise en forme de l'œuvre.
– *Renv. : Remise en question de ses convictions, combat stérile, avortement.*

**Sept d'Espees**
– Droit : Prise de contrôle sur les combats ou opposition, pensée victorieuse.
– *Renv. : Difficulté à résoudre ses problèmes, luttes de pouvoir.*

**Huit d'Espees**
– Droit : Lumière de la vérité, justice rendue, ouverture de l'intelligence divine.
– *Renv. : Guerre déclarée, révolution intellectuelle, jugements malhonnêtes.*

**Neuf d'Espees**
– Droit : Connaissance de l'expérience, voie de la sagesse, temps de la maturité.
– *Renv. : Impuissance face aux épreuves, abandon, lâcheté.*

**Dix d'Espees**
– Droit : Triomphe de l'esprit et du cœur sur l'ignorance et l'adversité, paix victorieuse.

– *Renv. : Maladie, défaite amère, fatalité.*

**VASLET D'ESPEES**

– Droit : Jeune homme plein de ressources et d'avenir, belles dispositions de l'esprit.

– *Renv. : Homme de main, traître, cancre, faiblesse de la pensée.*

**CHEVALIER D'ESPEES**

– Droit : Chemins initiatiques, combats pour le savoir, appuis dans les épreuves.

– *Renv. : Lâcheté, fuite, complot, ignorance au service de la fausseté.*

**ROYNE D'ESPEES**

– Droit : Femme d'esprit, accouchement d'un mystère, gestation de l'œuvre.

– *Renv. : Douleurs de l'enfantement, peur de la révélation, descente en enfer.*

**Roy d'Espees**

– Droit : Protection, plénitude de l'esprit, mort de l'égo et révélation de la pureté de l'esprit, homme droit et juste.
– *Renv. : Usurpateur, déchéance sociale, mort de son honneur et de son nom.*

## Les Bastons

Ce principe concerne les domaines en rapport avec le travail, la capacité de se transformer, les désirs de se réaliser, la maturation et les racines de toute entreprise.

**As de Bastons**

– Droit : Puissance d'entreprise et énergies naturelles offertes aux transformations.
– *Renv. : Faiblesse des possibilités mises en œuvre, manque de détermination.*

**Deux de Bastons**

– Droit : Découverte des possibilités de croissance, gestation des idées réalisatrices.
– *Renv. : Stérilité de ses ambitions, paresse et dissimulation des efforts.*

**Trois de Bastons**

– Droit : Ébauche et élaboration des projets, lettres d'étude et de faisabilité, plans d'affaires.
– *Renv. : Complexité des pensées, idées trop théoriques, manque d'efficacité.*

**Quatre de Bastons**

– Droit : Mise en action de son ouvrage, solidification de son travail, commandement.
– *Renv. : Fragilité des bases de ses entreprises, manque de responsabilisation et d'énergie.*

**Cinq de Bastons**

– Droit : Justes motivations et réajustement des principes en action, conseils judicieux.

– *Renv. : Perte d'appuis, non-respect des droits et devoirs, limitations d'entreprise.*

**Six de Bastons**

– Droit : Association, nouvelle ouverture ou avenue, négociation, embellissement.

– *Renv. : Remises en question, ruptures de contrat, crise.*

**Sept de Bastons**

– Droit : Déplacement d'affaires, expansion de l'entreprise, victoire professionnelle.

– *Renv. : Opposition à ses objectifs, accident de travail, voie de garage.*

**Huit de Bastons**

– Droit : Stratégie, structuration et planification, saine gestion.

– *Renv. : Crise grave, révolution, discussions sur la législation professionnelle.*

**Neuf de Bastons**

– Droit : Expérience acquise, retraite satisfaisante, découverte expérimentale.

– *Renv. : Mise à la retraite anticipée, santé chancelante, attente déçue.*

**Dix de Bastons**

– Droit : Couronnement d'une carrière, satisfaction du devoir accompli.

– *Renv. : Non-reconnaissance de son ouvrage, remise en question d'une carrière.*

**Vaslet de Bastons**

– Droit : Jeune homme travailleur et studieux qui ira loin, mesure de ses compétences.

– *Renv. : Terrain inculte, fainéant ou cancre, efforts laborieux.*

### Chevalier de Bastons

– Droit : Bachelier, mise en route, confrérie et passation du flambeau.
– *Renv. : Errements, cul-de-sac, déviation, résultats décevants.*

### Royne de Bastons

– Droit : Femme sérieuse et travaillante, perfectionnement, finesse de l'ouvrage, initiation aux grades supérieurs.
– *Renv. : Femme désœuvrée et de petite vie, laisser-aller, manque de sérieux.*

### Roy de Bastons

– Droit : Maître d'œuvre, artisan de sa réussite, offre de responsabilisation ou révélation d'un secret de construction.
– *Renv. : Dirigeant incompétent, faute grave, exclusion de la confrérie.*

## Les Deniers

Ce principe touche les domaines en rapport avec l'argent, la rentabilité et les profits, mais aussi le perfectionnement de soi en vue d'atteindre ses idéaux les plus profonds.

### As de Deniers

– Droit : Possibilités financières, mises de fonds, richesse du talent et des dons.
– *Renv. : Manque de moyens pécuniaires pour entreprendre, pauvreté de l'esprit.*

### Deux de Deniers

– Droit : Naissance et noblesse d'une entreprise, vocation, justesse de ses ambitions.
– *Renv. : Avortement d'une idée rentable, argent gaspillé en pure perte.*

**Trois de Deniers**

– Droit : Signature d'entente, lettre de change ou d'investissement, études fructueuses.

– *Renv. : Mauvaises études d'impact, désaccords de placement, projet trop abstrait.*

**Quatre de Deniers**

– Droit : Stabilisation des finances, placements sûrs, affaire saine.

– *Renv. : Gaspillage de richesse et dépenses inutiles, fragilité des avoirs.*

**Cinq de Deniers**

– Droit : Rentabilité conforme aux objectifs, droiture et respect des accords.

– *Renv. : Immoralité et détournement d'argent, sacrifices financiers non consentis.*

**Six de Deniers**

– Droit : Association financière, nouvelles possibilités ou propositions de revenu.

– *Renv. : Vol, remise en question des ententes, mauvais partage des revenus.*

**Sept de Deniers**

– Droit : Réussite et progression saine de ses revenus, bonne nouvelle de placement ou acceptation d'un prêt.

– *Renv. : Rentabilisation douteuse, perte de capital, difficulté à réviser les objectifs.*

**Huit de Deniers**

– Droit : Légalisation et héritage, obligations rentables, jugement favorable.

– *Renv. : Problèmes fiscaux, ennuis judiciaires, faillite frauduleuse, règlement onéreux, vol.*

**Neuf de Deniers**

– Droit : Testament, récolte des revenus à long terme, argent venant de l'étranger.

– *Renv. : Économies douteuses, pauvreté, perte de revenus, remboursement retardé.*

**Dix de Deniers**

– Droit : Gain majeur, argent inattendu, rentabilité au-delà des espérances, mine d'or.

– *Renv. : Perte sèche, dégradation des biens ou perte de revenus, insécurité ou instabilité financière.*

**Vaslet de Deniers**

– Droit : Jeune homme bien né ou destiné à une grande carrière fructueuse, richesse naturelle ou possibilités innées.

– *Renv. : Voleur, esprit rapace, terrain pauvre, gaspillage de talents.*

### Chevalier de Deniers

– Droit : Voyage rentable, placements en cours, mouvement d'argent, récolte de la moisson.

– *Renv. : Opérations malhonnêtes ou frauduleuses, contrebandier, détournement de fonds.*

### Royne de Deniers

– Droit : Femme aux belles possibilités, cœur noble et vrai, révélation de la beauté de l'âme.

– *Renv. : Femme surfaite et capricieuse, superficialité, dépense inutile, richesse trompeuse.*

### Roy de Deniers

– Droit : Homme influent, pragmatique et prévoyant, transmutation de la conscience, prêtrise du Connaissant.

– *Renv. : Homme intéressé, avare et picsou, richesse illusoire face à la pauvreté de l'âme humaine.*

# LES TIRAGES

## La Manipulation des Lames

Avant de lire le Tarot à une personne (ou pour soi), remettez les lames majeures en ordre de 1 à 22 (Le Fol symbolise la 22e carte), ainsi que les lames mineures dans leurs couleurs respectives. La raison ? Ceci afin de rendre le jeu neutre et de le débarrasser de toutes les énergies parasites des tirages précédents.

Séparer les lames majeures des mineures. Les majeures annoncent toujours les énergies qui animent les événements, alors que les mineures définissent et précisent les faits.

Quelle que soit la méthode de tirage utilisée, en se concentrant sur la question, le thème ou la préoccupation du consultant, mélangez les lames, puis toujours en gardant votre concentration mettez les cartes sur la table et mélangez-les lentement avec les deux mains, en les faisant tourner sur elles-mêmes. Arrêtez lorsque vous êtes persuadé que les cartes sont **parfaitement** mélangées et laissez-les *telles quelles* sur la table. L'objectif est de permettre aux lames de se retrouver à l'endroit ou à l'envers, mais aussi de permettre à ce que le jeu se mette en place pour le tirage. Sans vous presser, lentement, en vous laissant attirer par les cartes, faites tirer le nombre de lames nécessaire.

Quel que soit le tirage effectué mélangez *toujours* séparément les lames majeures et les lames mineures.

## Le Tirage Thématique

Ce tirage permet de donner une réponse pertinente à une question ou à un thème précis. Après manipulation du jeu, on pige 4 lames majeures parmi celles qui attirent le plus et on les dispose comme la figure ci-dessus. La 5e lame est obtenue par l'addition des

4 premières. Si le nombre obtenu est supérieur à 22, on additionne les chiffres constituant le nombre. Exemple : 22 + 14 + 8 + 12 = 56 ? 5 + 6 = 11. Signalons que la lame : Le Fol a pour valeur 22.

## Explications du Tirage

• **1re lame** : Elle représente le consultant et les éléments qu'il détient ou ceux qui lui manquent en rapport à sa question.

• **2e lame** : Elle représente l'environnement, la (les) personne(s) qui intervient(iennent) ou va (vont) rentrer dans son existence et les éléments que le milieu peut lui (leur) offrir en rapport avec la question.

• **3e lame** : Elle symbolise la question, ou plus exactement ce que le consultant désire connaître particulièrement et ce, par rapport au thème ou à la question posée. Les lames à l'endroit précisent les espérances et celles qui sont à l'envers, les craintes.

- **4e lame** : Elle cristallise et explique le résultat. Elle doit être interprétée tout en tenant compte conjointement de la 1re et 2e lame.
- **5e lame** : Elle expose les conséquences à long terme que va générer le résultat décrit par la 4e lame.

### Utilisation des lames mineures

Les lames mineures, après avoir été préalablement mélangées, servent à obtenir des précisions aux différentes interrogations que soulèvera le tirage.

Les lames mineures peuvent avoir été pigées au préalable et disposées de telle manière que chaque lame majeure soit accotée par 2 lames mineures. Elles constituent alors une précision ou une réflexion pour comprendre chacun des paramètres de ce tirage.

## Le Tirage Astrologique

Ce tirage offre la possibilité d'analyser tous les aspects de l'existence d'une personne et de découvrir les événements majeurs qui se dérouleront durant une année.

Chaque lame majeure pigée symbolise une Maison astrologique soit :

1 : Maison du consultant ;
2 : Maison des biens et de l'argent ;
3 : Maison de l'entourage ;
4 : Maison du domicile et du père ;

5 : Maison des amours et des enfants ;
6 : Maison de la profession et des servitudes ;
7 : Maison du conjoint et de la vie sociale ;
8 : Maison de la mort et de la sexualité ;
9 : Maison spirituelle et des voyages ;
10 : Maison des honneurs et de la mère ;
11 : Maison des amis ;
12 : Maison des afflictions.

Les lames sont disposées ainsi :

Cette disposition rectangulaire est préférable à la disposition en roue pour une personne qui n'a aucune notion d'astrologie. Elle permet d'utiliser les lames environnantes de chacune des Maisons pour obtenir une information complémentaire. Ainsi, l'étude de la Maison 1 peut se réaliser en tenant compte des influences des lames constituant les Maisons 2-11-12. Pour la Maison 2, les lames complémentaires seraient celles des Maisons 1-12-11-10-3, et ainsi de suite !

### VARIANTES

Ce tirage est utilisé pour analyser l'existence d'une personne *actuellement*, ou encore pour faire une projection de ce que sera son futur.

Il est possible de faire l'analyse du présent et la projection du futur sur le même tirage. Pour cela, on se sert des Maisons opposées. L'information de la lame qui se trouve dans la Maison opposée est utilisée pour expliquer l'orientation du secteur analysé. Ainsi la lame opposée à utiliser pour chaque Maison (abrév. : Ms.) est :

- Ms. 1 : la lame de la Ms. 7
- Ms. 2 : la lame de la Ms. 8
- Ms. 3 : la lame de la Ms. 9
- Ms. 4 : la lame de la Ms. 10
- Ms. 5 : la lame de la Ms. 11
- Ms. 6 : la lame de la Ms. 12
- Ms. 7 : la lame de la Ms. 1
- Ms. 8 : la lame de la Ms. 2
- Ms. 9 : la lame de la Ms. 3
- Ms. 10 : la lame de la Ms. 4
- Ms. 11 : la lame de la Ms. 5
- Ms. 12 : la lame de la Ms. 6

**Note :** Si cette lame est à l'endroit, l'événement prendra une orientation positive et si la lame est inversée, l'événement ira dans un sens contraire. La lame de la Maison opposée en procure l'information.

## UTILISATION DES LAMES MINEURES (rappel)

Les lames mineures, après avoir été préalablement mélangées, permettent d'obtenir des précisions sur les différentes interrogations que va soulever le tirage.

Les lames mineures peuvent avoir été pigées au préalable et disposées de telle manière que chaque Maison possède 1 lame majeure accotée par 2 lames mineures. Elles apportent alors une précision ou une réflexion pour comprendre chacune des Maisons de ce tirage.

## Comme suite et complément à ce jeu de Tarot

L'auteur Kris Hadar a écrit et continue de publier des livres sur le Tarot et sur la numérologie sacrée reposant sur 22 nombres, aux Éditions de Mortagne.

*Mon premier livre de Tarot*, 1997.

*Le grand livre du Tarot*, 1988.

*Le tirage en croix du Tarot*, 2000.

*Le livre de la numérologie, la clef de la connaissance de soi et d'autrui*, 1993.

*La numérologie à 22 nombres*, 2 tomes, 1990 et 1991.

*Le Tirage astrologique du Tarot*, 2022.

*ArKana*, 3 tomes, 2023 et 2024.

## DU MÊME AUTEUR

Une saga basée sur le jeu de Tarot. L'auteur y offre des connaissances inédites.

KRIS HADAR
1996
1811

III

IIII

V

VII

VIII

VIIII

X

CHEVALIER·DE·DENIERS

ROYNE·DE·DENIERS

ROY · DE · DENIERS

II

III

IIII

V

VI

VII

VIII

VIIII

X

VASLET·DE·BASTONS

CHEVALIER·DE·BASTONS

ROYNE·DE·BASTONS

ROY · DE · BASTONS

II

III

IIII

V

VI

VII

VIII

VIIII

X

VASLET·D'ESPEES

CHEVALIER·D'ESPEES

ROYNE·D'ESPEES

ROY·D'ESPEES

II
S
M

III

IIII

V

VI

VII

VIII

VIIII

X

VASLET·DE·COVPES

CHEVALIER·DE·COVPES

ROYNE·DE·COVPES

ROY·DE·COVPES

I
LE · BASTELEVR

II
LA · PAPESSE

III
L'IMPERATRICE

IIII
L'EMPEREVR

V

LE · PAPE

VI
L'AMOVREVX

VII
S.M
LE · CHARIOT

VIII
LA·IVSTICE

VIIII
L'HERMITE

X
LA·ROVE·DE·FORTVNE

XI
LA · FORCE

XII
LE · PENDV

XIII

XIIII
LA·TEMPERANCE

XV
LE · DIABLE

XVI
LA · MAISON · DIEV

XVII
L'ESTOILLE

XVIII
LA·LVNE

XVIIII
LE · SOLEIL

XX
LE · IVGEMENT

XXI
LE · MONDE

LE · FOL